CAHIER DES CHARGES

SUPPLÉMENTAIRE

ANNEXÉ A LA

CONVENTION PASSÉE AVEC M. LE MINISTRE DE LA MARINE ET DES COLONIES

PARIS

IMPRIMERIE ADMINISTRATIVE DE PAUL DUPONT

41, RUE JEAN-JACQUES-ROUSSEAU, 41.

—

1876

CAHIER DES CHARGES

SUPPLÉMENTAIRE

Annexé à la Convention passée avec M. le Ministre de la Marine et des Colonies.

TITRE Ier

TRACÉ ET CONSTRUCTION.

ARTICLE PREMIER.

Les jetées du port seront prolongées jusqu'aux fonds de quinze mètres (15^m).

La dimension des blocs de défense sera, au minimum, de vingt-quatre mètres cubes (24^{m3}).

La longueur et la profondeur du port proprement dit seront celles fixées par le cahier des charges voté par le conseil général.

Art. 2.

L'article 13 du cahier des charges ou acte de concession du port, et les deux alinéas du premier paragraphe de l'article de même numéro du cahier des charges du chemin de fer, seront remplacés par ce qui suit :

Les travaux devront être achevés, et le port et les chemins de fer mis en exploitation dans le délai de dix ans, à partir de la déclaration d'utilité publique, sous les réserves des clauses indiquées au présent article et de la clause additionnelle de déchéance, indiquée à l'article 15 du cahier des charges relatif aux chemins de fer.

Faute par la Compagnie d'avoir terminé les travaux dans le délai ci-dessus, faute aussi par elle d'avoir rempli les diverses obligations imposées par les cahiers des charges et leurs annexes, elle encourra la déchéance qui pourra être prononcée dans les conditions indiquées au paragraphe deuxième de l'article 13 du cahier des charges du port, savoir :

Il sera pourvu alors, tant à la continuation et à l'achèvement des travaux, qu'à l'exécution des autres engagements contractés par la Société, au moyen d'une adjudication que l'on ouvrira sur une mise à prix des ouvrages exécutés, des matériaux approvisionnés, et des parties du port et des chemins de fer déjà livrées à l'exploitation.

Les soumissions pourront être inférieures à la mise à prix.

La nouvelle Société adjudicataire sera soumise aux clauses des cahiers des charges et de leurs annexes, et la Société évincée recevra d'elle le prix que la nouvelle adjudication aura fixé.

Si l'adjudication ouverte n'amène aucun résultat, une seconde adjudication sera tentée sur les mêmes bases après un délai de six mois ; si cette seconde tentative demeure également sans résultat, la Société sera définitivement déchue de tous droits, en restant propriétaire du matériel mobile et des approvisionnements dont la colonie pourra toutefois requérir la cession à prix d'estimation.

Art. 3.

Aucun travail ne pourra être entrepris pour l'établissement du port et du chemin de fer et de leurs dépendances, qu'avec l'autorisation de l'Administration coloniale. A cet effet, les projets de tous les travaux à exécuter seront dressés en double expédition et soumis à l'approbation de l'Administration, qui prescrira, s'il y a lieu, d'y introduire telles modifications que de droit ; l'une de ces expéditions sera remise à la Compagnie, avec le visa du Gouverneur ; l'autre demeurera entre les mains de l'Administration.

La Compagnie devra présenter ses projets définitifs dans le délai de deux ans au plus, à compter de la date de la déclaration d'utilité publique, et avoir commencé ses travaux six mois après l'approbation des projets.

Avant comme pendant l'exécution, la Compagnie aura la faculté de proposer aux projets approuvés les modifications qu'elle jugerait utiles ; mais ces modifications ne pourront être exécutées que moyennant l'approbation de l'Administration.

Art. 4.

La Compagnie pourra prendre copie de tous les plans, nivellements et devis qui pourraient avoir été antérieurement dressés aux frais de la colonie.

Art. 5.

La Compagnie exécutera les travaux du port et du chemin de fer par des moyens et des agents à son choix, mais en restant soumise au contrôle et à la surveillance de l'Administration.

Ce contrôle et cette surveillance auront pour objet d'empêcher la Compagnie de s'écarter des dispositions prescrites par les cahiers des charges et de celles qui résulteront des projets approuvés.

Art. 6.

Le chemin de fer sera à voie unique de un mètre de largeur entre les axes des rails, comme il est dit en l'article 2 du cahier des charges voté par le conseil général, qui ne reçoit aucune modification sur les additions suivantes.

Dans les parties à deux voies, la largeur de l'entrevoie mesurée sur les bords extérieurs des rails sera de un mètre quatre-vingts centimètres (1^m 80).

La largeur des accotements, c'est-à-dire des parties comprises de chaque côté entre le bord intérieur du rail et l'arête supérieure du battant, sera de cinquante centimètres. Elle sera portée à soixante centimètres dans toutes les courbes du côté de la convexité de la courbe.

On ménagera, au pied de chaque talus du ballast, une banquette de quarante centimètres lorsque le chemin sera en remblai.

La Compagnie établira le long du chemin de fer des fossés et rigoles qui seront jugés nécessaires pour l'assèchement de la voie et pour l'écoulement des eaux.

Lorsqu'il y aura lieu de modifier l'emplacement ou le profil des routes existantes, l'inclinaison des pentes et rampes sur les routes modifiées ne pourra excéder cinq centimètres (0ᵐ05) par mètre, pour les routes, et de six centimètres (0ᵐ06) pour les chemins vicinaux. L'administration restera libre, toutefois, d'apprécier les circonstances qui pourraient motiver une dérogation à cette clause, comme à celle qui est relative à l'angle de croisement des passages à niveau.

Art. 7.

Lorsque le chemin de fer devra passer au-dessus d'une route ou d'un chemin vicinal, l'ouverture du viaduc sera fixée par l'Administration en tenant compte des circonstances locales.

Art. 8.

Lorsque le chemin de fer devra passer au-dessus d'une route ou d'un chemin vicinal, la largeur des parapets du pont qui supportera la route ou le chemin sera fixée par l'Administration, en tenant compte des circonstances locales.

L'ouverture du pont, entre les culées, sera au moins de cinq mètres trente centimètres (5ᵐ30) pour les sections à deux voies et d'au moins trois mètres cinquante centimètres (3ᵐ50) pour celles à une voie, et la distance verticale ménagée au-dessus des rails extérieurs de chaque voie pour le passage des trains, ne sera pas inférieure à quatre mètres (4ᵐ).

Art. 9.

Les souterrains à établir pour le passage des chemins de fer auront trois mètres cinquante (3ᵐ50) de largeur entre les pieds-droits au niveau des rails. La distance verticale ménagée entre l'intrados de la voûte et le dessus de chaque rail ne sera pas inférieure à trois mètres quatre-vingts centimètres (3ᵐ80).

Art. 10.

La Compagnie n'emploiera dans l'exécution des ouvrages que des matériaux de bonne qualité ; elle sera tenue de se conformer à toutes les règles de l'art de manière à obtenir une construction parfaitement solide.

Tous les aqueducs, ponceaux, ponts et viaducs à construire à la rencontre des divers cours d'eau et des chemins publics et particuliers seront en maçonnerie ou en fer, sauf les cas d'exception qui pourront être admis par l'Administration.

Art. 11.

La voie sera construite en rails du poids de seize kilogrammes (16 k^g) au mètre courant s'ils sont en fer, ou de douze kilogrammes (12 k^g) s'ils sont en acier.

L'espacement des traverses sera de soixante-dix centimètres (0^{m}70).

Art. 12.

Il ne sera pas établi de clôtures ni de haies, sauf dans les parties de la ligne où cette mesure serait indispensable.

Art. 13.

Tous les terrains nécessaires pour l'établissement du chemin de fer et de ses dépendances, pour la déviation des voies de communication et des cours d'eau déplacés, et, en général, pour l'exécution de travaux, quels qu'ils soient, auxquels cet établissement pourra donner lieu, seront achetés et payés par la Compagnie concessionnaire, sauf les cas prévus par l'article 3 du cahier des charges du chemin de fer voté par la Colonie.

Les indemnités pour occupation temporaire ou pour détérioration de terrains, pour chômage, modification ou destruction d'usines et pour tous dommages quelconques résultant des travaux, seront supportés et payés par la Compagnie.

L'État fera participer la Compagnie, dans la mesure qui sera jugée nécessaire, à la jouissance des droits qu'il s'est réservés, lors des concessions d'eau, dans l'intérêt des services publics.

Art. 14.

L'entreprise étant d'utilité publique, la Compagnie est investie, pour l'exécution des travaux du port et des chemins de fer, de tous les droits que les lois, décrets et règlements, confèrent à l'Administration en matière de travaux publics, soit pour l'acquisition des terrains par voie d'expropriation, soit pour l'extraction, le transport et le dépôt des terres, matériaux, etc., etc., et elle demeurera, en même temps, soumise à toutes les obligations qui dérivent, pour l'Administration, de ces lois et règlements.

Art. 15.

Dans le rayon de servitude des enceintes fortifiées, la Compagnie sera tenue, pour l'étude et l'exécution de ses projets, de se soumettre à l'accomplissement de toutes les formalités et de toutes les conditions exigées par les lois, décrets, règlements concernant les travaux mixtes.

Art. 16.

Si la ligne du chemin de fer traverse un sol déjà concédé pour l'exploitation d'une mine, l'Administration déterminera les mesures à prendre pour que l'établissement du chemin de fer ne nuise pas à l'exploitation de la mine et, réciproquement, pour que, le cas échéant, l'exploitation de la mine ne compromette pas l'existence du chemin de fer.

Les travaux de consolidation dans l'intérieur de la mine, à raison de la traversée des chemins de fer et tous les dommages résultant de cette traversée pour les concessionnaires de la mine, seront à la charge de la Compagnie.

Art. 17.

Si le chemin de fer doit s'étendre sur des terrains renfermant des carrières et les traverser souterrainement, il ne pourra être livré à la circulation avant que les excavations qui pourraient en compromettre la solidité aient été remblayées ou consolidées. L'Administration déterminera la nature et l'étendue des travaux qu'il conviendra d'entreprendre à cet effet, et qui seront d'ailleurs exécutés par les soins et aux frais de la Compagnie.

Art. 18.

Pour l'exécution des travaux, la Compagnie se soumettra aux décisions de l'Administration concernant l'interdiction du travail les dimanches et jours fériés.

Art. 19.

A mesure que les travaux seront terminés pour une des parties du port et du chemin de fer susceptible d'être livrées utilement à l'exploitation, il sera procédé, sur la demande de la Compagnie, à la reconnaissance et, s'il y a lieu, à la réception provisoire de ses travaux par un ou plusieurs commissaires que l'Administration désignera.

Sur le vu du procès-verbal de cette reconnaissance, l'Administration autorisera, s'il y a lieu, la mise en exploitation des parties dont il s'agit; après cette autorisation, la Compagnie pourra mettre lesdites parties en service et y percevoir les taxes qui ont été fixées. Toutefois, ces réceptions partielles ne deviendront définitives que par la réception générale et définitive du port et des chemins de fer.

La mise en exploitation de l'ensemble du chemin de fer et du port pourra être autorisée dès que les travaux du chemin de fer seront assez avancés pour que la ligne entière puisse être livrée à l'exploitation et que l'entrée du port, la moitié du port et de l'avant-port sera terminée.

A cette époque, sur la demande de la Compagnie, il sera procédé à cette réception provisoire, et les travaux de parachèvement seront exécutés en cours d'exploitation dans les délais ci-dessus indiqués.

Toutefois les intérêts des capitaux engagés dans l'affaire, pendant la période d'exécution, resteront à la charge de la Compagnie jusqu'au jour de la réception définitive de tous les travaux.

Art. 20.

Après l'achèvement total des travaux et dans le délai qui sera fixé par l'Administration, la Compagnie fera faire à ses frais un bornage contradictoire et un plan cadastral du port, du chemin de fer et de leurs dépendances. — Elle fera dresser également à ses frais et contradictoirement avec l'Administration, un état descriptif de tous les ouvrages d'art qui auront été exécutés, ledit état accompagné d'un atlas contenant les dessins cotés de tous lesdits ouvrages.

Une expédition, dûment certifiée, des procès-verbaux de bornage, du plan cadastral, de l'état descriptif, de l'atlas, sera dressée aux frais de la Compagnie et déposée dans les archives du gouvernement de la Colonie.

Les terrains acquis par la Compagnie, postérieurement au bornage général, en vue de satisfaire aux besoins de l'exploitation et qui, par cela même, deviendront partie intégrante du port et du chemin de fer, donneront lieu, au fur et à mesure de leur acquisition, à des bornages supplémentaires et seront ajoutés sur le plan cadastral; l'addition sera également faite sur l'atlas, de tous les ouvrages d'art exécutés postérieurement à sa rédaction.

TITRE II

ENTRETIEN ET EXPLOITATION.

Art. 21.

Le port, les chemins de fer et leurs dépendances seront constamment entretenus en bon état.

Les frais d'entretien et ceux auxquels donneront lieu les réparations ordinaires et extraordinaires seront entièrement à la charge de la Compagnie.

Si le port et les chemins de fer, une fois achevés, ne sont pas constamment entretenus en bon état, il y sera pourvu d'office, à la diligence de l'Administration et aux frais de la Compagnie.

Le montant des avances faites sera recouvré au moyen de rôles que le Directeur de l'intérieur rendra exécutoires. -

Art. 22.

Des arrêtés du Gouverneur, rendus après que la Compagnie aura été entendue, détermineront les mesures et les dispositions nécessaires pour assurer la police et l'exploitation du port et du chemin de fer, ainsi que la conservation des ouvrages qui en dépendent.

Toutes les dépenses qu'entraînera l'exécution des mesures prescrites en vertu de ces règlements seront à la charge de la Compagnie.

L'exécution des règlements maritimes et de la police des ports sera placée sous l'autorité des agents à ce préposés par leurs fonctions.

La Compagnie sera tenue de soumettre à l'approbation de l'administration les règlements relatifs à l'exploitation du port et du chemin de fer.

Art. 23.

Pour tout ce qui concerne l'entretien et les réparations du port et de leurs dépendances, l'entretien du matériel et le service de l'exploitation, la Compagnie sera soumise au contrôle et à la surveillance de l'administration comme pour le chemin de fer.

Outre la surveillance ordinaire, l'administration déléguera, aussi souvent qu'elle le jugera utile, un ou plusieurs commissaires pour reconnaître et constater l'état du port, du chemin de fer, de leurs dépendances et du matériel.

TITRE III

DURÉE, RACHAT ET DÉCHÉANCE DE LA CONCESSION.

Art. 24.

La durée de la concession pour le chemin de fer et le port sera de quatre-vingt-dix-neuf ans (99). Elle commencera à compter de la date de l'acte constitutif de la Société anonyme que les concessionnaires se sont obligés à fonder.

Art. 25.

A l'époque fixée pour l'expiration de la concession et par le seul fait de cette expiration, la Colonie sera subrogée à tous les droits de la Compagnie sur le port, le chemin de fer et leurs dépendances, et elle entrera immédiatement en jouissance de tous leurs produits. Néanmoins toute réserve est faite du droit que l'État pourrait revendiquer à la propriété du port.

La Compagnie sera tenue de remettre en bon état d'entretien le port, le chemin de fer et tous les immeubles qui en dépendent, quelle qu'en soit l'origine, tels que les bâtiments des gares et stations, les remises, ateliers et dépôts, les maisons de gardes, etc. Il en sera de même de tous les objets immobiliers dépendant également dudit chemin, tels que les barrières et clôtures, voies, changements de voies, plaques tournantes, réservoirs d'eau, grues hydrauliques, machines fixes, etc., ainsi que des magasins et des autres bâtiments du port et de tous les apparaux immobiliers par destination.

Dans les cinq dernières années qui précéderont le terme de la concession, le

Gouvernement aura le droit de saisir les revenus du chemin de fer et du port et de les employer à rétablir en bon état le port, le chemin de fer et leurs dépendances, si la Compagnie ne se mettait pas en mesure de satisfaire pleinement à cette obligation.

En ce qui concerne les objets mobiliers, tels que le matériel roulant, les matériaux, combustibles et approvisionnements de tous genres, le mobilier des stations, l'outillage des ateliers et des gares, l'Etat sera tenu, si la Compagnie le requiert, de reprendre tous ces objets sur l'estimation qui en sera faite à dire d'experts, et réciproquement, si l'Etat le requiert, la Compagnie sera tenue de les céder de la même manière.

Toutefois, l'Etat ne pourra être tenu de reprendre les approvisionnements nécessaires à l'exploitation du chemin pendant six mois.

Art. 26.

A toute époque, après l'expiration des vingt-cinq premières années de la concession, la Colonie aura la faculté de racheter la concession entière du port et du chemin de fer.

Pour régler le prix du rachat, on relèvera les produits nets annuels obtenus par la Compagnie pendant les sept années qui auront précédé celle où le rachat sera effectué ; on en déduira les produits nets des deux faibles années, et l'on établira le produit net moyen des cinq autres années.

Ce produit net moyen formera le montant d'une annuité qui sera due et payée à la Compagnie pendant chacune des années restant à courir sur la durée de la concession.

Dans aucun cas, le montant de l'annuité ne sera inférieure au produit net de la dernière des sept années prise pour terme de comparaison.

La Compagnie recevra, en outre, dans les trois mois qui suivront le rachat, les remboursements auxquels elle aurait droit à l'expiration de la concession, selon l'article 13 ci-dessus.

Art. 27.

Si l'exploitation du port ou du chemin de fer vient à être interrompue en totalité ou en partie, l'administration prendra immédiatement, aux frais et risques de la Compagnie, les mesures nécessaires pour assurer provisoirement le service.

Si dans les six mois de l'organisation du service provisoire, la Compagnie n'a pas valablement justifié qu'elle est en état de reprendre et de continuer l'exploitation, et si elle ne l'a pas effectivement reprise, la déchéance pourra être prononcée par la Colonie.

Cette déchéance prononcée, le port, le chemin de fer et toutes leurs dépendances seront mis en adjudication comme il est dit à l'article 2 du présent cahier des charges supplémentaire.

Art. 28.

Les dispositions des articles 1 et 15 ci-dessus cesseraient d'être applicables et la déchéance ne serait pas encourue, dans le cas où les concessionnaires n'auraient pu remplir leurs obligations par suite de circonstances de force majeure dûment constatées.

TITRE IV

TAXES ET CONDITIONS RELATIVES AU TRANSPORT DES VOYAGEURS ET DES MARCHANDISES.

Art. 29.

Les tarifs de transport resteront fixés comme il est dit au cahier des charges voté par la Colonie.

Les concessionnaires indiquent dans le présent article et dans les suivants, jusques et y compris le n° 41, les conditions maxima qu'ils proposeront à l'approbation du Conseil général de la Colonie, qui statuera, en ce qui concerne le transport des enfants, des excédants de bagages, des chiens, des animaux, la classification des marchandises et, en général, toutes les taxes et conditions relatives au transport des voyageurs et des marchandises qui n'ont pas été prévues ou réglées par le cahier des charges du chemin de fer voté par le Conseil général.

Toute autre disposition affectant les tarifs reste également réservée à la décision du Conseil général.

Au-dessous de trois ans, les enfants ne payent rien, à la condition d'être portés sur les genoux des personnes qui les accompagnent.

De trois à sept ans, ils payent demi-place et ont droit à une place distincte. Toutefois, dans un même compartiment, deux enfants ne pourront occuper que la place d'un voyageur.

Au-dessus de sept ans ils payent place entière.

Les chiens transportés par les trains de voyageurs payeront $0^f,025$ par tête et par kilomètre, sans que la perception puisse être inférieure à $0^f,50$.

Tout voyageur dont le bagage ne pèsera pas plus de trente kilogrammes, n'aura à payer, pour le port de ce bagage, aucun supplément de prix de la place. Cette franchise ne s'appliquera pas aux enfants transportés gratuitement, et elle sera réduite à vingt kilogrammes (20^{kg}) pour les enfants transportés à moitié prix.

Les excédants de bagage seront payés comme il est dit aux articles 31, 33 et 37 ci-après.

Art. 30.

Les animaux seront transportés aux prix suivants, par tête et par kilomètre :

PETITE VITESSE

Bœufs — Vaches — Taureaux — Chevaux — Mulets — Bêtes de trait. $0^f,15$

Veaux et Porcs . . . . $0^f,06$

Moutons — Brebis — Agneaux — Chèvres . . . . $0^f,03$

Lorsque les animaux dénommés ci-dessus seront, sur la demande des expéditeurs, transportés à la vitesse des trains de voyageurs, les prix seront doublés.

Art. 31.

Les marchandises de toutes classes, les excédants de bagage, les poissons frais, denrées, transportés à grande vitesse, payeront un prix de $0^f,50$ par tonne et par kilomètre.

Art. 32.

Les marchandises transportées à petite vitesse d'un quartier à un autre payeront les prix de transport suivants, par tonne et par kilomètre, en plus de la perception constante de 4 francs par tonne indiquée à l'article 10 du cahier des charges voté par la Colonie :

1re *classe*. — Spiritueux — Huiles — Bois de menuiserie, de teinture et autres Bois exotiques — Produits chimiques non dénommés — Vins — Vinaigres — Boissons — Bière — Levure sèche — Œufs — Viande fraîche — Gibier — Sucre — Café — Drogues — Epicerie — Tissus — Objets manufacturés — Armes — Riz — Blés — Graines — Légumes farineux. . . . . 0^f,15

2e *classe*. — Chaux et plâtre — Charbon de bois — Bois à brûler — Perches — Chevrons — Planches — Madriers — Bois de charpente — Marbre en bloc — Albâtre — Bitume — Cotons — Laines — Coke — Fers — Cuivres — Plombs et autres métaux ouvrés ou non — Fontes moulées — Aloès — Cannes à sucre. . . . . 0^f,125

3e *classe*. — Houille — Marne — Cendres — Fumiers et Engrais — Pierres à chaux et à plâtre — Pavés et Matériaux pour la construction et la réparation des routes — Pierres de taille et Produits des carrières — Minerais de fer et autres — Fonte brute — Sel — Moellons — Moulins — Cailloux — Sable — Argiles — Briques — Ardoises . . . . 0^f,10

Art. 33.

La perception des prix de transport aura lieu d'après le nombre de kilomètres parcourus. Tout kilomètre entamé sera payé comme s'il avait été parcouru en entier.

Si la distance parcourue est inférieure à 6 kilomètres, elle sera comptée pour 6 kilomètres.

Le poids de la tonne est de mille kilogrammes (1,000^{kg}).

Les fractions de poids ne seront comptées, pour la petite vitesse, que par centième de tonne ou par dix kilogrammes (10^{kg}) :

Ainsi, tout poids compris entre zéro et dix kilogrammes, payera comme dix kilogrammes ; entre dix et vingt kilogrammes, comme vingt kilogrammes, etc., etc.

Pour les excédants de bagages et marchandises à grande vitesse, les coupures seront établies :

1° De zéro à cinq kilogrammes ;

2° Au-dessus de cinq kilogrammes, jusqu'à dix kilogrammes ;

3° Au-dessus de dix kilogrammes, par fraction indivisible de dix kilogrammes.

Quelle que soit la distance parcourue, le prix d'une expédition quelconque, soit en grande, soit en petite vitesse, ne pourra être moindre de soixante centimes (0'60).

Art. 34.

A moins d'une autorisation spéciale et révocable de l'Administration, tout train régulier de voyageurs devra contenir des voitures de toutes classes en nombre suffisant pour toutes les personnes qui se présenteraient dans les bureaux des chemins de fer.

Dans chaque train de voyageurs, la Compagnie aura la faculté de placer des voitures à compartiments spéciaux, pour lesquels il sera établi des prix particuliers, que le Conseil général fixera sur la proposition de la Compagnie ; mais le nombre de places à donner dans ces compartiments ne pourra pas dépasser le cinquième du nombre total des places du train.

Art. 35.

Les animaux, denrées, marchandises, effets, et autres objets non désignés dans le tarif, seront rangés, pour les droits à percevoir, dans les classes avec lesquelles ils auront le plus d'analogie, sans que jamais, sauf les exceptions formées aux articles 36 et 37 ci-après, aucune marchandise non dénommée puisse être soumise à une taxe supérieure à celle de la première classe du tarif ci-dessus.

Les assimilations de classes pourront être provisoirement réglées par la Compagnie ; mais elles seront soumises immédiatement à l'Administration, qui prononcera définitivement.

Art. 36.

Les prix de transport déterminés au tarif ne sont point applicables à toute masse indivisible pesant plus de trois mille kilogrammes (3,000 k^g).

Néanmoins, la Compagnie ne pourra se refuser à transporter les masses indivisibles pesant de trois mille à cinq mille kilogrammes (3,000 à 5,000 k^g), mais les prix de transport seront augmentés de moitié.

La Compagnie ne pourra être contrainte à transporter des masses pesant plus de cinq mille kilogrammes (5,000 k^g).

Si, nonobstant la disposition qui précède, la Compagnie transporte des masses indivisibles pesant plus de cinq mille kilogrammes, elle devra, pendant trois mois au moins, accorder les mêmes facilités à tous ceux qui en feraient la demande.

Dans ce cas, les prix de transport seront fixés par l'Administration, sur la proposition de la Compagnie.

Art. 37.

Les prix de transport déterminés au tarif ne sont point applicables :

1° Aux denrées et objets qui ne sont point nommément énoncés dans le tarif, et qui ne pèseraient pas deux cents kilogrammes sous le volume d'un mètre cube ;

2° Aux matières inflammables ou explosibles, aux animaux et objets dangereux, pour lesquels des règlements de police prescriraient des précautions spéciales ;

3° Aux animaux dont la valeur déclarée excèderait cinq mille francs ;

4° A l'or et à l'argent, soit en lingots, soit monnayés ou travaillés, ou plaqué d'or ou d'argent, au mercure et au platine, ainsi qu'aux bijoux, dentelles, pierres précieuses, objets d'art et autres valeurs ;

5° Et, en général, à tous paquets, colis ou excédants de bagages pesant isolément quarante kilogrammes et au-dessous.

Toutefois, les prix de transport déterminés au tarif sont applicables à tous paquets ou colis, quoique emballés à part, s'ils font partie d'envois pesant ensemble plus de quarante kilogrammes, et d'objets envoyés par une personne à une même personne. Il en sera de même pour les excédants de bagages qui pèseront, ensemble on isolément, plus de quarante kilogrammes.

Le bénéfice de la disposition énoncée dans le paragraphe précédent, en ce qui concerne les paquets ou colis, ne peut être invoqué par les entrepreneurs de messagerie et de roulage et autres intermédiaires de transport, à moins que les articles par eux envoyés ne soient réunis en un seul colis.

Dans les cinq cas ci-dessus spécifiés, les prix de transport seront arrêtés annuellement par l'Administration, tant pour la grande que pour la petite vitesse, sur la proposition de la Compagnie ;

En ce qui concerne les paquets ou colis mentionnés au paragraphe ci-dessus, les prix de transport doivent être calculés de telle manière, qu'en aucun cas un de ces paquets ou colis ne puisse payer un prix plus élevé qu'un article de même nature pesant plus de quarante kilogrammes.

Art. 38.

La Compagnie sera tenue d'effectuer constamment avec soin, exactitude et célérité, et sans tour de faveur, le transport des voyageurs, bestiaux, denrées, marchandises, et objets quelconques qui lui seront confiés ;

Les colis, bestiaux et objets quelconques, seront inscrits, à la gare d'où ils partent et à la gare d'où ils arrivent, sur des registres spéciaux, au fur et à mesure de leur réception ; mention sera faite, sur les registres de la gare de départ, du prix total dû pour leur transport.

Pour les marchandises ayant une même destination, les expéditions auront lieu suivant l'ordre de leur inscription à la gare du départ.

Toute expédition de marchandises sera constatée, si l'expéditeur le demande, par une lettre de voiture, dont un exemplaire restera aux mains de la Compagnie, et l'autre aux mains de l'expéditeur.

Dans le cas où l'expéditeur ne demanderait pas de lettre de voiture, la Compagnie sera tenue de lui délivrer un récépissé qui énoncera la nature et le poids du colis, le prix total du transport, et le délai dans lequel ce transport devra être effectué.

ART. 39.

Les animaux, denrées, marchandises et objets quelconques, seront expédiés et livrés en gare dans les délais résultant des conditions ci-après exprimées :

1° Les denrées, marchandises et objets quelconques à grande vitesse, seront expédiés par le premier train de voyageurs, comprenant des voitures de toutes classes, et correspondant avec leur destination, pourvu qu'ils aient été présentés à l'enregistrement six heures avant le départ du train.

Ils seront mis à la disposition des destinataires, à la gare, dans le délai de trois heures, après l'arrivée de ce même train.

2° Les animaux, denrées et marchandises et objets quelconques à petite vitesse, seront expédiés dans le jour qui suivra celui de la remise ; toutefois, l'Administration pourra étendre ce délai à deux jours. — Le maximum de durée du trajet sera fixé à vingt-quatre heures.

Les colis seront mis à la disposition des destinataires dans le jour qui suivra celui fixé pour leur arrivée en gare.

Le délai total résultant des trois paragraphes ci-dessus sera seul obligatoire pour la Compagnie.

L'Administration Coloniale déterminera, par des règlements spéciaux proposés par la Compagnie, les heures d'ouverture et fermeture des gares et stations tant en hiver qu'en été et sans qu'un service de nuit puisse être imposé à la Compagnie.

Art. 40.

Les frais accessoires non mentionnés dans les tarifs, tels que ceux d'enregistrement, de magasinage dans les gares et les magasins du chemin de fer, seront fixés annuellement par l'Administration Coloniale sur la proposition de la Compagnie.

Art. 41.

A moins d'une autorisation spéciale de l'Administration, il est interdit à la Compagnie, conformément à l'article 14 de la loi du 15 juillet 1847, de faire directement ou indirectement, avec des entreprises de transports de voyageurs ou de marchandises par terre ou par eau, sous quelque dénomination ou forme que ce puisse être, des arrangements qui ne seraient pas consentis en faveur de toutes les Entreprises desservant les mêmes voies de communication.

L'Administration prescrira les mesures à prendre pour assurer la plus complète égalité entre les diverses Entreprises de transport dans leurs rapports avec les chemins de fer.

TITRE V

STIPULATIONS RELATIVES A DIVERS SERVICES PUBLICS.

Art. 42.

Les concessionnaires seront tenus de fournir au port et à chacune des stations du chemin de fer qui seront désignées par l'administration, un emplacement sur lequel elle pourra faire élever les constructions nécesssaires aux divers services publics.

La valeur locative des terrains ainsi fournis par la Compagnie et qui ne

seraient pas de provenance domaniale, lui sera payée de gré à gré ou à dire
d'experts.

Leur position sera choisie de manière à n'entraver en rien le service de la
Compagnie.

Art. 43.

La Compagnie sera tenue, à toute réquisition, de faire partir par convoi ordinaire
les wagons ou voitures cellulaires employés au transport des prévenus, accusés
ou condamnés.

Les wagons et les voitures employés au service dont il s'agit seront construits
aux frais de la colonie ; leurs formes et dimensions seront déterminées de concert
par le Gouverneur général de l'Algérie, la Compagnie entendue.

Les employés de l'Administration, les gardiens, les gendarmes et les prisonniers
placés dans les wagons ou voitures cellulaires, ne seront assujettis qu'à la moitié
de la taxe applicable aux places de deuxième classe, telle qu'elle est fixée par le
présent cahier des charges.

Les gendarmes placés dans les mêmes voitures ne payeront que le quart de la
même taxe.

Le transport des wagons et des voitures sera gratuit.

Dans le cas où l'Administration voudrait, pour le transport des prisonniers, faire
usage des voitures de la Compagnie, celle-ci sera tenue de mettre à sa disposition
un ou plusieurs compartiments spéciaux de voitures de deuxième classe à deux
banquettes. Le prix de location sera fixé à raison de soixante centimes (0ᶠ 60ᶜ)
par compartiment et par kilomètre.

Les dispositions qui précèdent seront applicables au transport de jeunes délin-
quants recueillis par l'Administration pour être transférés dans les établissements
d'éducation.

TITRE VI

CLAUSES DIVERSES.

Art. 44.

Dans le cas où le Gouvernement ordonnerait ou autoriserait la construction de routes, de chemins de fer ou de canaux qui traverseraient la ligne, objet de la présente concession, la Compagnie ne pourra s'opposer à ces travaux; mais toutes les dispositions seront prises pour qu'il n'en résulte aucun obstacle à la construction ou au service du chemin de fer, ni aucuns frais pour la Compagnie.

Art. 45.

Toute exécution ou autorisation ultérieure de route, de canal, de chemin de fer, de travaux de navigation dans la contrée où sont situés le chemin de fer, objet de la présente concession, ou dans toute autre contrée voisine ou éloignée, ne pourra donner ouverture à aucune demande d'indemnité de la part de la Compagnie.

Art. 46.

Le Gouvernement se réserve expressément le droit d'accorder de nouvelles concessions de chemins de fer s'embranchant sur la ligne concédée, ou qui pourraient être établies en prolongement de ladite ligne.

La Compagnie ne pourra mettre aucun obstacle à ces embranchements, ni réclamer, à l'occasion de leur établissement, aucune indemnité quelconque, pourvu qu'il n'en résulte aucun obstacle à la circulation, ni aucuns frais particuliers pour la Compagnie.

Les Compagnies concessionnaires de chemins de fer, d'embranchements ou de prolongements, auront la faculté, moyennant les tarifs ci-dessus déterminés, et l'observation des règlements de police et de service établis ou à établir, de faire circuler leurs voitures, wagons et machines, sur le chemin de fer objet de la présente concession, pour lequel cette faculté sera réciproque à l'égard desdits embranchements et prolongements.

Dans le cas où le service des chemins de fer d'embranchement devrait être établi dans les gares de la Compagnie, la redevance à payer à ladite Compagnie sera réglée d'un commun accord entre les deux Compagnies intéressées, et, en cas de dissentiment, par voie d'arbitrage.

En cas de désaccord sur le principe ou l'exercice de l'usage commun desdites Compagnies, il sera statué par le Ministre de la Marine et des Colonies, les deux Compagnies entendues.

Dans le cas où les diverses Compagnies ne pourraient s'entendre entre elles sur l'exercice de cette faculté, le Gouvernement statuerait sur les difficultées qui s'élèveraient entre elles à cet égard.

Dans le cas où une Compagnie d'embranchement ou de prolongement, joignant la ligne qui fait l'objet de la présente concession, n'userait pas de la faculté de circuler sur cette ligne, comme aussi dans le cas où la Compagnie concessionnaire de cette dernière ligne ne voudrait pas circuler sur les prolongements et embranchements, les Compagnies seraient tenues de s'arranger entre elles, de manière que le service de transport ne soit jamais interrompu au point de jonction des diverses lignes.

Celle des Compagnies qui se servira d'un matériel qui ne serait pas sa propriété, payera une indemnité en rapport avec l'usage et la détermination de ce matériel. Dans le cas où les Compagnies ne se mettraient pas d'accord sur la quotité de l'indemnité ou sur les moyens d'assurer la continuation du service sur toute la ligne, le Gouvernement y pourvoirait d'office et prescrirait toutes les mesures nécessaires.

La Compagnie pourra être assujettie, par les décrets qui seront ultérieurement rendus pour l'exploitation des chemins de fer de prolongement ou d'embranchement joignant celui qui lui est concédé, à accorder aux Compagnies de ces chemins une réduction de péage ainsi calculée :

1° Si le prolongement ou l'embranchement n'a pas plus de cent kilomètres (100^{km}), dix pour cent (10 %) du prix perçu par la Compagnie ;

2° Si le prolongement ou l'embranchement excéde cent kilomètres, quinze pour cent (15 %) ;.

ART. 47.

La Compagnie sera tenue de s'entendre avec les villes, les communes et les propriétaires de mines, usines ou carrières qui, offrant de se soumettre aux conditions prescrites ci-après, demanderaient un nouvel embranchement; à défaut d'accord, l'Administration statuera sur la demande, la Compagnie entendue.

Les embranchements seront construits aux frais des villes, communes et propriétaires de mines et usines ou carrières, et de manière à ce qu'il ne résulte de leur établissement aucune entrave à la circulation générale, aucune avarie pour le matériel, ni aucuns frais particuliers pour la Compagnie.

Leur entretien devra être fait avec soin, aux frais de leurs propriétaires et sous le contrôle de l'Administration. La Compagnie aura le droit de faire surveiller par ses agents, cet entretien, ainsi que l'emploi de son matériel sur les embranchements.

L'Administration pourra, à toutes époques, prescrire les modifications qui seraient jugées utiles dans la soudure, le tracé ou l'établissement de la voie desdits embranchements, et les changements seront opérés aux frais des propriétaires.

L'Administration pourra même, après avoir entendu les propriétaires, ordonner l'enlèvement temporaire des aiguilles de soudure dans le cas où les établissements embranchés viendraient à suspendre en tout ou en partie leurs transports.

La Compagnie sera tenue d'envoyer ses wagons sur tous les embranchements autorisés destinés à faire communiquer des établissements de mines ou d'usines avec la ligne principale de chemin de fer.

La Compagnie amènera ses wagons à l'entrée des embranchements.

Les expéditeurs ou destinataires feront conduire les wagons dans leurs établissements, pour les charger ou décharger, et les ramèneront au point de jonction avec la ligne principale, le tout, à leurs frais.

Les wagons ne pourront, d'ailleurs, être employés qu'au transport d'objets et marchandises destinés à la ligne principale du chemin de fer.

Le temps pendant lequel les wagons séjourneront sur les embranchements particuliers ne pourra exèder six heures, lorsque l'embranchement n'aura pas plus d'un kilomètre. Le temps sera augmenté d'une demi-heure par kilomètre en sus du premier, non compris les heures de la nuit, depuis le coucher jusqu'au lever du soleil.

Dans le cas où les limites de temps seraient dépassées, nonobstant l'avertissement spécial donné par la Compagnie, elle pourra exiger une indemnité égale à la valeur du droit de loyer des wagons pour chaque période de retard après l'avertissement.

Les traitements des gardiens d'aiguilles et des gardiens des barrières des embranchements autorisés par l'Administration sont à la charge des propriétaires des embranchements. Ces gardiens seront nommés et payés par la Compagnie, et les frais qui en résulteront lui seront remboursés par lesdits propriétaires.

En cas de difficultés, il sera statué par l'Administration, la Compagnie entendue.

Les propriétaires d'embranchements seront responsables des avaries que le matériel pourrait éprouver pendant son parcours ou son séjour sur ces lignes.

Dans le cas d'inexécution d'une ou de plusieurs des conditions énoncées ci-dessus, le Gouverneur pourra, sur la plainte de la Compagnie, et après avoir entendu la propriétaire de l'embranchement, ordonner, par un arrêté, la suppression du service et faire supprimer la soudure, sauf recours à l'Administration supérieure, et sans préjudice de tous dommages-intérêts que la Compagnie serait en droit de réclamer pour la non-exécution de ces conditions.

Pour indemniser la Compagnie de la fourniture et de l'envoi de son matériel sur les embranchements, elle est autorisée à percevoir, sous réserve de l'approbation du conseil général, un prix fixe de vingt-cinq centimes ($0^f 25$) par tonne pour le premier kilomètre, et, en outre, neuf centimes ($0^f 09$) par tonne et par kilomètre en sus du premier, lorsque la longueur de l'embranchement excédera un kilomètre.

Tout kilomètre entamé sera payé comme s'il avait été parcouru en entier.

Le chargement et le déchargement sur les embranchements s'opèreront aux frais des expéditeurs ou destinataires, soit qu'ils les fassent eux-mêmes, soit que la Compagnie des Chemins de fer consente à les opérer.

Dans ce dernier cas, ces frais seront l'objet d'un règlement arrêté par l'Administration supérieure sur la proposition de la Compagnie.

Tout wagon envoyé par la Compagnie sur un embranchement devra être payé comme wagon complet, lors même qu'il ne serait pas complétement chargé.

La surcharge, s'il y en a, sera payée au prix du tarif légal et au prorata du prix réel.

La Compagnie sera en droit de refuser les chargements qui dépasseraient le maximum déterminé en raison des dimensions autorisées des voyageurs.

Le maximum sera revisé par l'Administration, de manière à être toujours en rapport avec la capacité des wagons.

Les wagons seront pesés à la station d'arrivée par les soins et aux frais de la Compagnie.

Art. 48.

Les agents et gardes que la Compagnie établira, soit pour la perception des droits, soit pour la police et la surveillance du port, des chemins de fer et de leurs dépendances et qui seront agréés par l'Administration, auront qualité pour dresser procès-verbal sur les crimes délits et contraventions concernant la conservation du port, de la voie ferrée et de leurs dépendances.

Art. 49.

Il sera institué, près de la Compagnie, un ou plusieurs inspecteurs ou commissaires spécialement chargés de surveiller les opérations de la Compagnie.

Art. 50.

Les frais de visite, de surveillance et de réception des travaux et les frais du contrôle prévu par l'article précédent, seront supportées par la Compagnie. Ces frais comprendront le traitement des inspecteurs et commissaires dont il a été question dans le même article précédent.

Afin de pourvoir à ces frais, la Compagnie sera tenue de verser chaque année à l'Administration une somme de cinq mille francs (5,000 fr.) augmentée de celle de cent francs (100 fr.) par chaque kilomètre de chemin de fer concédé. — Toutefois, la première somme sera réduite d'un tiers tant que le port ne sera pas mis en exploitation. — La seconde sera ramenée au chiffre de soixante-dix francs (70 fr.) par kilomètre pour les sections de chemin de fer non encore livrées à l'exploitation.

Art. 51.

La Compagnie fait élection de domicile à Paris, au siége social et à Saint-Denis, dans ses bureaux. Elle est tenue d'avoir à la réunion un représentant accrédité auprès de l'Administration.

A défaut par elle d'avoir rempli cette obligation, toute notification ou signification à elle adressée sera valable lorsqu'elle sera faite au Secrétariat général de la Préfecture de la Seine ou à celui de la direction de l'intérieur à Saint-Denis.

Art. 52.

Les contestations qui s'élèveraient entre la Compagnie et l'Administration, au sujet de l'exécution et de l'interprétation des cahiers des charges et de leurs annexes, seront jugées administrativement par le Conseil du Contentieux de la Colonie, sauf recours au Conseil d'État.

Paris.—Imp. PAUL DUPONT, 41, rue Jean-Jacques-Rousseau.   2604.7.76